DIE KLUGE KATZE:

Weihnachtsbäckerei ohne Zucker

24 ziemlich schnelle und geschmeidige Rezepte

von Daggi Schneider

Wieso eigentlich ohne Zucker?

Im Grunde gehörten auf jede Zuckerpackung Bilder wie auf Zigarettenschachteln. Dass Rauchen nicht der Gesundheit dient, hat sich herumgesprochen.

Mit dem Zucker-Bewusstsein ist das einstweilen so eine Sache ...
Die meisten Leute haben eine ungefähre Ahnung

*dass Zucker dick macht und womöglich auch hier und da krank, falls man zu viel davon konsumiert.

*dass er ja andererseits ein Naturprodukt ist, oder?

*dass alle Zuckerersatzmittel womöglich noch schädlicher sind als Zucker und noch viel dicker machen, weil sie ungezügelten Appetit verursachen.

Entsprechend bemüht man sich, nicht so viel davon zu sich zu nehmen. Doch Industriezucker wird nun mal überall reingehauen, wo ihn niemand vermuten würde. Er treibt sich in nahezu sämtlichen verarbeiteten Lebensmitteln herum. Nicht nur als Süßungsmittel, sondern auch als Geschmacksverstärker oder Konservierungsmittel oder aus Prinzip. Und natürlich, weil er süchtig macht. Welcher Händler wünscht sich nicht ein Produkt, von dem der Käufer gar nicht mehr lassen kann?

Leider schadet Zucker keinem Tier, jedenfalls nicht in der Herstellung. Sonst wären alle Veganer auf unserer Seite, und das ist inzwischen eine machtvolle Heerschar. Es gibt haufenweise vegane Süßigkeiten ohne Milch, Ei oder Gelatine. Was Zucker angeht, sorgen Veganer sich nur, ob er etwa durch Knochenkohle von Rindern entfärbt wird. Da zumindest deutsche Raffinerien zu diesem Punkt (per Selbstauskunft) lebhaft den Kopf schütteln, ist unser Zucker sowas von vegan ...

Es gibt in Supermärkten Regale voller Lebensmittel, die laktosefrei und glutenfrei und biologisch und so weiter sind. Zucker jedoch, dieses Naturprodukt, steckt immer noch drin! Und steht nicht selten an erster Stelle der Zutatenliste, was bedeutet, er macht den größten Teil des Inhalts aus. Ich kenne Leute, die zufrieden über sich selber sagen, sie machten sich nichts aus Süßigkeiten, deshalb wäre das Zuckerproblem nicht ihres. Worauf sie sich Ketchup über ihre Pommes gießen, pro Esslöffel der roten Pampe ein gehäufter Teelöffel Zucker …

Wie bitte? Nein, natürlich steht auf der Ketchup-Flasche und anderen Verpackungen nicht Zucker. Sondern Saccharose, Dextrose, Glukose, Fruktosesirup oder ähnliches. Das sind seine Pseudonyme. Er ist es immer selber. Und er ist immer er selbst: verpasst uns einen chronisch erhöhten Insulinspiegel, fördert Entzündungen und Karies, schwächt das Immunsystem und ermutigt naturgegebene Parasiten, Bakterien und Pilze, die stets in geringer Menge in uns wohnen, sich über Gebühr zu vermehren – denn die lieben Zucker ganz besonders.

Intelligenterweise behauptet die Zuckerindustrie inzwischen gar nicht mehr, Zucker sei gesund. (1929 stand noch als Werbung an Hauswänden: ‚Mit Zucker sparen? Grundverkehrt! Der Körper braucht ihn, Zucker nährt!') Aber sie verbreitet ziemlich glaubhaft die These, alle Ersatz-Süßungsmittel wären genauso ungesund oder noch viel, viel schädlicher. Dann doch lieber den guten alten schädlichen Zucker. Wer den isst, der fällt auch nicht gleich tot um.

Häufig wird dazu geraten, überhaupt alles Süße zu meiden. Das sei ohnehin nichts als eine schlechte Angewohnheit und ganz überflüssig. Man käme wunderbar durchs Leben ohne diese Komponente.

Ich nicht. Ich mag Saures und Salziges, Bitteres, Scharfes – und Süßes. Ohne Nachmittagstee kann ich beispielsweise nicht leben. Zum Nachmittagstee brauche ich Kekse oder sowas, sonst werde ich schwermütig. Vor ungefähr achtzehn Jahren machte ich einige ungewöhnlich schmerzhafte Zahnbehandlungen mit. Damals nahm ich mir vor, auf Zucker in Zukunft kompromisslos zu verzichten. Auf Zucker – nicht auf Süßes.

Also schaute ich mich nach vernünftigen Alternativen um. Damals war Stevia in Deutschland noch gesetzlich verboten, außer als Badezusatz.

Weil ich zunächst keine Alternativen fand, bastelte ich mir also aus Badezusatz (angeblich 400-mal süßer als Zucker) eigene Schokolade und Bonbons. Später entdeckte ich Xylit und Agavendicksaft und fing an, herumzuexperimentieren …

Was übrigens Schokolade angeht, so erklärte mir vor einiger Zeit ein Schokoladen-Hersteller ziemlich patzig, Schokolade ohne Zucker ginge nicht! Klar geht das. Es gibt im Internet einige Produzenten ganz hervorragender Schokolade mit Stevia oder Xylit. Meistens sitzen die in Belgien. Und bei einem unserer norddeutschen Drogerie-Discounter kann man eine sehr gute Kokosschokolade, gesüßt mit Kokosblütenzucker, kaufen.

Leider lohnt es im Augenblick noch wenig, Verkäufer nach zuckerloser Schokolade zu fragen. Sie behaupten meistens, so was gäbe es nicht. Das ist mir sogar im Biomarkt passiert, in dem man sonst recht kompetent zu sein pflegt. Statt also zu fragen, lohnt es, eine starke Brille oder eine Lupe oder am besten, falls man hat, eigene Adleraugen mitzubringen und die winzigen Inhaltsangaben zu studieren.

Auf die Art fand ich heraus, dass dieser Biomarkt sehr wohl Schokolade verkauft, die nur mit Kokosblütenzucker gesüßt ist.

Die folgenden Rezepte, ich wiederhole, sind nicht vegan (bis auf eins – s. S. 40). Vor nicht allzu langer Zeit war jeder fest überzeugt davon, dass es unmöglich wäre, ohne Eier, Butter, Milch und Zucker etwas zu backen, das den Namen Kuchen verdiente. Da sind wir ein großes Stück weiter.

Ich bin sicher, dass jeder Veganer nach diesem Büchlein backen kann, weil er genau weiß, was er anstelle von Butter, Eiern und Sahne nimmt …

Was gibt es denn für Zuckerersatz?

Wie alles auf der Welt haben die Produkte Vor- und Nachteile. Allesamt halte ich indessen unter sämtlichen Umständen für weniger schädlich als raffinierten weißen Haushaltszucker! Um sie mal ganz kurz vorzustellen:

Ahornsirup stammt aus kanadischen Bäumen, eine goldene, dicke Flüssigkeit, mal dunkler, mal heller. Er ist ein recht naher Verwandter des gewöhnlichen Zuckers und enthält sowohl Glucose als auch Fructose. Falls es Ihnen darauf ankommt, beides zu vermeiden, sollten Sie ihn nicht verwenden. Allerdings ist Ahornsirup bedeutend kalorienärmer als Zucker. Außerdem verfügt er über Magnesium, Kalzium und Eisen, sofern er ein guter Bio-Sirup ist. Das kann Zucker nicht gerade von sich behaupten …

Agavendicksaft sieht Ahornsirup oder Honig ähnlich. Er stammt aus Kakteen und besteht fast nur aus Fruchtzucker, also Fruktose. Was seine Gegner dazu bringt, zu hetzen: also, dann doch lieber gleich Zucker! In Mexiko gilt die Agave als Heilpflanze, weil sie antibakteriell wirkt (wie übrigens auch Honig.) Der Dicksaft hat deutlich weniger Kalorien als Haushaltszucker und lässt den Blutzuckerwert nicht so schnell und stark ansteigen.

Dattelsüße besteht zu 100% aus getrockneten gemahlenen Datteln, im Orient seit langer Zeit ein beliebtes Süßungsmittel. Wer vor allem Wert darauf legt, abzunehmen, den wird Dattelsüße nicht völlig glücklich machen: Sie enthält nicht viel weniger Kalorien als raffinierter weißer Zucker und, genau wie er, Glukose und Fruktose. Allerdings auch Vitamine und Mineralien sowie eine Aminosäure, die das Gemüt streichelt. Datteln sagt man ebenfalls eine antibakterielle Wirkung nach.

Honig ist für Veganer indiskutabel wegen der Arbeitsbedingungen von Honigbienen. Sofern nicht jemand furchtbar damit rumgepantscht hat, was ganz selten der Fall ist, handelt es sich um das reinste Natur-Produkt. Unsere Großmütter wussten eine Menge über die heilende Wirkung von Honig: mit heißer Milch zum Einschlafen, mit Zwiebelsaft gegen Bronchitis und äußerlich aufgetragen gegen Herpes. Die Wissenschaft lächelt milde über diese Wirkungen (vermutlich, weil sie nicht ‚nachgewiesen' sind) und behauptet, Honig sei, chemisch betrachtet, nichts weiter als Zucker. Da könne man genauso gut gleich … Er ist reich an Antioxidantien, Mineralstoffen und Vitaminen, hat etwas weniger Kalorien als weißer Zucker, lässt jedoch den Blutzuckerspiegel ebenso schnell ansteigen.

Kokosblütenzucker, bei uns noch relativ neu im Supermarkt-Regal, wird bereits schlechtgemacht nach dem Refrain: Auch nicht besser als Zucker, nur viel teurer, ein neuer Hype, nehmt doch den guten alten weißen Zucker und reduziert einfach euer Bedürfnis nach zu viel Süßem! (Was schwierig ist, da Zucker bekanntlich einen Sucht-Faktor hat.) Wird auf den hohen Mineralstoffgehalt von Kokosblütenzucker hingewiesen, heißt es höhnisch, davon müsse man dann jedoch ‚riesige Mengen' verspeisen, um gesundheitliche Segnungen zu erreichen. Ich habe noch nicht mit Kokosblütenzucker gebacken und erwähne ihn hier nur der Vollständigkeit halber. Es gibt jedoch wunderbare Schokolade mit Kokosblütenzucker, die ich für einige Rezepte verwertet habe.

Stevia ist mein persönlicher Favorit als Zuckerersatz. Sie enthält überhaupt keine Kalorien und verursacht auch keine Karies. Trotzdem leidet sie unter einem schlechten Ruf. Europäische Lebensmittelexperten, von der Zuckerindustrie angestupst, murmeln immer wieder etwas von ‚nicht unbedenklich'. Man hat Versuchsratten mit Stevia genudelt, bis ihnen komisch wurde. Wie komisch den Ratten erst geworden wäre, hätte man sie mit Industriezucker genudelt, wissen wir nicht, weil das Experiment nicht stattfand. Aber das können wir schließlich an den mit Zucker genudelten Menschen beobachten … Von diesem Handicap abgesehen wird häufig über den Stevia-Beigeschmack gemault, den man als ‚bitter' bezeichnet. Ich finde ihn eher etwas scharf und seifenartig und ich meine, das ist leicht zu neutralisieren, indem man einige Esslöffel Agavendicksaft oder Ahornsirup hinzufügt. Mit reinem Steviapulver zu backen ist ungünstig. Das ist tatsächlich extrem süß (wenn auch nicht 400-mal so süß wie Zucker, was früher gern behauptet wurde) und deshalb schwer zu dosieren. Außerdem schmeckt es durch die Konzentration fast metallisch. Ich empfehle Stevia-Backsüße, sehr leicht im Internet zu bekommen, ein Granulat, das optisch Haushaltszucker ähnelt und gar nicht viel anders dosiert werden muss. Trotzdem ist es ratsam, solange die Erfahrung fehlt, häufiger abzuschmecken. Doch das trifft auf alle Zuckerersatzmittel zu.

Xylit entspricht ungefähr der Süßkraft von raffiniertem weißen Haushaltszucker und sieht auch sehr ähnlich aus. Es besitzt keinen ausgeprägten Beigeschmack, outet sich jedoch dadurch, dass es auf der

Zunge kühl wirkt, so ähnlich wie Menthol. Xylit ist, ganz im Gegensatz zu Zucker, derart zahnfreundlich, dass es sogar Karies bekämpft und den Zahnschmelz härtet. Seine Schattenseiten: Erstens regt es die Verdauung höchst energisch an (zwar lässt dieser Effekt normalerweise mit der Gewöhnung nach, aber eben nicht bei jedem). Zweitens vertragen zwar Katzen Xylit problemlos, seinem Hund sollte man jedoch nicht das kleinste Häppchen vom Weihnachtskeks gönnen: Schon winzige Mengen des Süßungsmittels wirken giftig auf den Hunde-Organismus. Xylit ist, genau wie Stevia, für Diabetiker geeignet.

Was wird bei unserer Weihnachtsbäckerei noch verwendet?

Eier, möglichst von nicht allzu unglücklichen Hühnern.

Gewürze. Da wäre besonders zu Ingwer etwas zu sagen. Einerseits ein typisches Weihnachtsgewürz, andererseits enorm gesund. Ich kippe mir jeden Morgen Ingwer in den Tee und zwar folgendermaßen: Es gibt in meinem Haushalt eine „Ingwerpresse". Das ist eigentlich eine Knoblauchpresse, die jedoch nicht weiß, was Knoblauch ist. Sie wird immer nur dazu benutzt, ein Stück Ingwer zu zerquetschen. Mit etwas Übung erhält man so ein bis zwei Teelöffel reinen Ingwersaft.

Backpulver! Ich rate zu Weinsteinbackpulver. Im gewöhnlichen Backpulver steckt Phosphat, und davon befindet sich sowieso schon mehr als genug in den meisten Lebensmitteln und Getränken. Man braucht, wenn man ohne Industriezucker backt, deutlich mehr Backpulver, weil das Gebäck weniger aufgeht.

Butter. Aber Margarine oder Kokosöl tun es auch. Ich verwende gern gesalzene Butter zu süßen Sachen, und da es meine Rezepte sind, gebe ich das hier so an. Das ist jedoch Geschmackssache …

Flüssigkeiten: Ich persönlich verzichte weitgehend auf Milch und verwende lieber flüssige Sahne und Wasser, gern etwas Mineralwasser bzw. Sprudel, das macht einen lockeren Teig. Doch natürlich sind die Flüssigkeiten austauschbar, etwa gegen Mandelmilch oder Reismilch oder Hafermilch …

Und selbstverständlich ***Mehl.*** Ich gebe als Zutat hier immer einfach den Gesamtbegriff ‚Mehl' ein. Man kann dazu alles benutzen, was sich selber als Mehl betrachtet. Schlimmstenfalls sogar ausgelaugtes Weizenmehl. Aber es gibt viel bessere Variationen, auch gemahlene Nüsse. Ich mische gern verschiedene Mehlsorten, etwa einen Anteil Dinkelmehl mit etwas Weizenmehl und einer guten Handvoll Kartoffelmehl – letzteres gibt dem Teig eine angenehm griffige Konsistenz.

Ein Letztes: Unsere Weihnachtskekse machen sich gerne breit. Es lohnt sich, ihnen etwas mehr Platz zu gönnen und statt nur einem Backblech, auf dem wildes Gedrängel stattfindet, zwei Bleche mit Backpapier auszulegen und übereinander in den Ofen zu schieben.

Rezeptverzeichnis

Kekse und Plätzchen:

Blechkuchen:

SCHOKOLADENPLÄTZCHEN-KEKSE

330 g Mehl
3 gehäufte Teelöffel Backpulver
5 Esslöffel Stevia-Streusüße
etwas Vanille-Aroma (aber natürlich keinen VanilleZUCKER!)
150 g Butter
2 mittelgroße Eier
5 Esslöffel flüssige Sahne, am besten Kochsahne
5 Esslöffel Sprudelwasser
1 Tafel Stevia- oder Kokosblütenzucker-Schokolade

Backofen auf 200 ° vorheizen. Ein Backblech mit Backpapier auslegen. Die Tafel Steviaschokolade auf einem Brett mit einem scharfen Messer in Stückchen zerteilen.
Mehl, Backpulver, Stevia-Streusüße mischen, die Butter und die Eier dazugeben und alles mit Sahne und Mineralwasser zu einem glatten Teig verrühren. Vanille-Aroma und Schokoladenstückchen hinzufügen.
Mit zwei Löffeln walnussgroße Stücke vom Teig nehmen und auf das Backblech legen, mit einigem Abstand: die Kekse nehmen beim Backen an Umfang zu.
10 Minuten backen, herausholen und abkühlen lassen.

MANDELKEKSE

150 g Mehl
3 Teelöffel Backpulver
100 g gemahlene Mandeln
150 g Butter
3 Esslöffel Xylit
Eiweiß von einem Ei
1 Teelöffel Agavendicksaft
eine Tüte ganze Mandeln

Mehl mit Backpulver mischen. Die kalte Butter in Stückchen schneiden und mit dem Mehl, dem Mandelmehl und dem Xylit verkneten. Daraus eine etwa 3 – 4 Zentimeter dicke, glatte Rolle formen und in Alufolie wickeln, für eine Stunde in den Kühlschrank stellen.
Inzwischen ein Backblech mit Backpapier belegen.
Nach einer Dreiviertelstunde den Backofen auf 180° vorheizen.
Eiweiß und Agavendicksaft miteinander verquirlen.
Die Rolle in ungefähr 1 Zentimeter dicke Scheiben schneiden, mit dem Eiweißgemisch bepinseln und je eine halbe geschälte Mandel draufkleben. Die Scheiben auf dem Backblech verteilen.
Ungefähr 15 Minuten backen und auskühlen lassen.

Sicher kennen Menschen, die schon mal Mürbeteig gebacken haben, die Anweisung, den Teig für eine Stunde im Kühlschrank ruhen zu lassen. Dadurch wird er nach dem Backen nämlich besonders mürbe. Das kommt in nahezu allen Keksrezepten vor. Wer sich allerdings darauf einlässt, mit Kindern Weihnachtsbäckerei zu machen – und dann eine Stunde Stillstand hat! – der pfeift vielleicht auf diese berühmte Wartestunde. Man kann den Teig ebenso gleich weiterverarbeiten. Wenn er etwas weniger mürbe ist, geht die Welt auch nicht unter …

ADVENTSKEKSE

2 kleine Eier
4 Esslöffel Mineralwasser
5 Esslöffel Stevia-Streusüße
150 g gesalzene Butter
1 Teelöffel geriebene Zitronenschale
einige Teelöffel Zitronensaft
3 gestrichene Teelöffel Backpulver
300 g Mehl
1 mit etwas Honig, Agavendicksaft oder Ahornsirup verschlagenes Eiweiß
Stevia-Schokolade, helle und/oder dunkle
gehackte Nüsse und Kokosraspel
Gewürze für Weihnachtsgebäck, zum Beispiel Zimt, Nelkenpulver, Kardamom

Mehl mit Backpulver und Stevia mischen.
Die Eier schaumig schlagen, Mineralwasser dazu rühren. Die weiche Butter hinzufügen. Das Mehl hineingeben, alles zu einem glatten Teig kneten.
Den Teig in Alufolie wickeln und – Sie wissen schon – in den Kühlschrank legen. Vielleicht für 20 Minuten!?
Inzwischen ein Backblech mit Backpapier auslegen und den Backofen auf 180° vorheizen. Nach der Kühlzeit den Teig auf einer bemehlten Fläche mit einem Nudelholz ausrollen und – jetzt kommt das Wichtigste! – mit verschiedenen Weihnachtsförmchen ausstechen. Oder eigene Figuren kreieren. Sie können vorher den Teig in drei Stücke teilen und in jedes Stück verschiedene Gewürze kneten.
Fertige Keksteile auf das Backblech legen und ein Drittel mit gesüßtem Eiweiß bestreichen
15 Minuten lang backen, auskühlen lassen. Danach die verbliebenen Kekse mit geschmolzener Schokolade bepinseln und mit Nussstückchen oder ganzen Nüssen besetzen.

ZIMTSTERNE

80 g Butter
1 Teelöffel Zimtpulver
1 Teelöffel Vanillepulver
1 Teelöffel geriebene Zitronenschale
1 Teelöffel Lebkuchengewürz
2 EL Rum
5 Esslöffel Stevia Streusüße
200 g Mehl
2 ½ gehäufte Teelöffel Backpulver
50 ml Sahne
etwas Kondensmilch

nicht gelungen

Butter, Zimt, Gewürze und Rum verrühren. Mehl mit Backpulver und Stevia mischen, die Sahne dazu geben und einen glatten Teig herstellen. Den in Alufolie einwickeln und – richtig, in den Kühlschrank legen. Ofen auf 180 °C vorheizen. Backblech mit Backpapier auslegen.
Teig mit dem Nudelholz plattmachen und sternförmige Plätzchen ausstechen. Die Sterne auf das Backblech legen und 12 Minuten lang backen.
Für eine Glasur Zimtpulver, Stevia, etwas Weinsteinbackpulver, Sahne und Kondensmilch so lange zusammenrühren, bis eine angenehme Konsistenz entsteht. Nur auf die abgekühlten Plätzchen pinseln! Trocknen lassen.

SCHOKOLADEN-WEIHNACHTSKEKSE

Eine Tafel Vollmilchschokolade mit Kokosblütenzucker
70 g Butter
2 Esslöffel Agavendicksaft
4 Esslöffel Stevia-Backsüße
4 Esslöffel Xylit
1 Esslöffel Rum
300 g Mehl
3 Teelöffel Backpulver
40 g Kokosraspeln
1 ½ Esslöffel Kakaopulver
Weihnachtsgewürze (gibt es unter dieser Bezeichnung im Supermarkt)
1 Eiweiß
1 Teelöffel Honig

Backofen auf 180 ° vorheizen
Schokolade in Stücke brechen, in ein Stieltöpfchen geben.
Das Stieltöpfchen in einen größeren Topf halten, der zu einem Drittel voll mit kochendem Wasser ist, bis die Schokolade schmilzt. Die flüssige Schokolade mit der Butter, Xylit, Agavendicksaft, Rum und den Gewürzen schaumig schlagen. Mehl, Kokosraspeln, Kakao und Backpulver miteinander mischen und zu der Schokoladenmasse geben.
Alles zu einem glatten Teig verkneten.
Dann kommt die Sache mit der Alufolie und dem Kühlschrank ...
Backblech mit Backpapier auslegen, Teig auf bemehlter Fläche ausrollen, Figuren ausstechen und auf dem Backblech verteilen
15 Minuten backen. Das Eiweiß mit dem Honig verschlagen und nach dem Abkühlen auf die Kekse pinseln. Trocknen lassen.

INGWERKEKSE

80 g Butter
1 Esslöffel Honig
3 Esslöffel Stevia-Granulat
1 Teelöffel geriebene Zitronenschale
1 Teelöffel gemahlener Ingwer
130 g Mehl
2 Esslöffel Sahne
2 Esslöffel Ingwersaft
Eiweiß zum Bestreichen
etwas Zitronensaft
1 Teelöffel Agavendicksaft
(kein Backpulver)

Butter, Honig, Stevia, geriebene Zitronenschale und gemahlenen Ingwer verrühren, bis eine schaumige Masse entsteht.
Sahne und Ingwersaft hinzufügen, Mehl darauf sieben, alles vermischen. Ist der Teig zu trocken, einen Löffel Agavendicksaft dazugeben.
Falls sie Lust haben, den Teig für eine Stunde in den Kühlschrank zu sperren, dann heizen Sie den Backofen frühestens in einer Dreiviertelstunde an: auf 180°.
Ein Backblech mit Backpapier auslegen, den Teig auf einer bemehlten Fläche ausrollen. Kleine runde Plätzchen ausstechen und auf dem Backblech verteilen. Eiweiß mit Zitronensaft und Agavendicksaft verquirlen und auf die Kekse pinseln.
Etwa 15 Minuten backen.

LEBKUCHENPLÄTZCHEN

In diesem speziellen Fall muss der Verbleib im Kühlschrank etwas ernster genommen werden. Der Teig soll nämlich mindestens sieben Stunden lang, am besten über Nacht, dort ruhen. Dadurch nimmt er besonders intensiv das Aroma der Gewürze an.

300 g Mehl
3 Teelöffel Backpulver
4 Esslöffel Agavendicksaft
4 Esslöffel Xylit
130 g gemahlene Walnüsse
2 Esslöffel Kakaopulver
5 Esslöffel Rum
1 Teelöffel geriebene Orangenschale
4 Esslöffel Lebkuchengewürz
1 Teelöffel Zimt
1 Teelöffel Vanillepulver
frischgepresster Saft aus 1 kleinen Orange
3 Eier
1 Teelöffel Honig
100 g kleingehackte Nüsse

2 Eier mit den anderen Zutaten – außer den gehackten Nüssen – mischen, bis ein glatter Teig entsteht. Eine Kugel daraus formen, in Alufolie wickeln und im Kühlschrank schlafen legen.
Nach der gehörigen Zeit den Backofen auf 200° heizen, den Teig aufwecken und zu sich kommen lassen. Inzwischen ein Backblech mit Backpapier auslegen.
Den Teig auf einer bemehlten Fläche ausrollen, Lebkuchenfiguren ausstechen und auf das Backblech legen. Das übrige Ei mit dem Löffel Honig verquirlen und die Lebkuchen damit bepinseln. Darauf die kleingehackten Nüsse streuen.
Die Plätzchen ca. 7 Minuten backen, dann trocknen lassen.

VANILLEKIPFERL

100 g gesalzene Butter
60 g gemahlene Walnüsse
3 Teelöffel Vanillepulver
120 g Mehl
4 Esslöffel Stevia-Streusüße
(kein Backpulver)

Backofen auf 160° vorheizen.
Die kalte Butter in Stückchen schneiden, mit dem Nussmehl, 2 Teelöffeln Vanillepulver, dem Mehl und 3 Esslöffel Stevia verkneten. Aus dem Teig eine oder zwei Rollen formen und in Folie gewickelt kühlen. Danach die Rolle in Scheiben schneiden, diese halbieren, an den Enden zu Spitzen zusammenkneifen und zu Kipferln formen. Ein Kipferl ist so was wie ein gutgenährter Halbmond. Auf einem mit Backpapier ausgelegten Backblech ca. 15 Minuten backen. Den letzten Löffel Steviapulver fein mahlen, mit Vanille mischen und über die Kipferl streuen.

HAFERKEKSE

180 g gesalzene Butter
150 g Haferflocken
4 Esslöffel Xylit
200 g Mehl
1 mittelgroßes Ei
1 Teelöffel Vanillepulver
2 gehäufte Teelöffel Backpulver
eventuell etwas Mineralwasser

Backofen vorheizen auf 180°. Die Butter in einem Topf schmelzen und Haferflocken untermischen. Mehl, Xylit, Backpulver und Vanille mischen und mit den Haferflocken verrühren. Das Ei dazugeben. Sollte der Teig zu trocken sein, ein wenig Mineralwasser einarbeiten. Mit zwei Löffeln kleine Häufchen auf ein mit Backpapier belegtes Backblech geben. Ca.12 Minuten backen. Die Kekse sind nach dem Backen und Abkühlen weich. Lässt man sie einen Tag an der Luft trocknen, werden sie knusprig.

AUGENKEKSE

220 g Mehl
150 g gesalzene kalte Butter
3 Esslöffel Stevia-Streusüße
80 g geriebene Mandeln
½ Teelöffel Vanillepulver
3 Esslöffel Sprudelwasser
sowie einige Teelöffel zuckerfreie Marmelade
(kein Backpulver)

Mehl, Butter, Stevia, geriebene Mandeln, Vanille und Wasser in einer großen Schüssel zu einem festen Teig verkneten und im Kühlschrank ruhen lassen. Backofen auf 180° vorheizen.
Den Teig auf einer bemehlten Fläche ausrollen und eine gerade Anzahl identischer Plätzchen ausstechen: Kreise oder Sterne oder Herzen – Hauptsache, sie sind alle genau gleich groß. In die Hälfte der Plätzchen ein Loch oder mehrere Löcher einstechen. Besonders hübsch ist es, wenn im Stern ein kleinerer Stern oder im Herzen ein kleineres Herz sitzt.
Alle Kekse auf einem mit Backpapier ausgelegtem Blech verteilen und ca. 12 Minuten backen.
Nach dem Abkühlen die heilen Kekse nicht zu dick (und nicht zu dünn) in der Mitte mit Marmelade bestreichen und die gelochten Kekse obendrauf kleben.

SPEKULATIUS

Um richtige Spekulatius zu backen, braucht man eine entsprechende Backform, eine Walze, einen Stempel oder Ähnliches, damit die Kekse die traditionellen Bilder und Schnörkel tragen. Das ist aufwendig, aber auch besonders attraktiv.
Und in diesem speziellen Fall ist die genaue Mehlmischung mal angegeben.

120 g gesalzene Butter
4-5 Esslöffel Xylit, gemahlen
2 Esslöffel Mandelmilch
200 g Buchweizenmehl
1 Esslöffel Pfeilwurzelmehl
2 Teelöffel Backpulver
50 g gemahlene Mandeln
½ Teelöffel Zimt
½ Teelöffel Muskatnuss
¼ Teelöffel Nelkenpulver
¼ Teelöffel geriebene Zitronenschale

Die kalte Butter mit den anderen Zutaten schnell zu einem glatten Teig verarbeiten und im Kühlschrank ruhen lassen.
Backofen auf 170 Grad Celsius vorheizen und das Backblech mit Backpapier auslegen.
Kleine Teigstücke in die Spekulatius-Form drücken und glatt verstreichen. Oder: Teig auf bemehlter Fläche dünn ausrollen, Formen ausstechen und mit dem Stempel Muster eindrücken.
In ungefähr 10 Minuten goldbraun backen, nach dem Auskühlen aus der Form nehmen.

ANISPLÄTZCHEN

2 mittelgroße Eier
3 Esslöffel Stevia-Streusüße
½ Teelöffel Anispulver
100 g gehäutete, gemahlene Mandeln
(kein Backpulver)

Backofen auf 150° vorheizen.
Eier, Anis und Stevia mit einem Rührgerät für etwa 5 Min. in einer Schüssel vermengen.
Die gemahlenen Mandeln dazugeben und rühren, bis eine zähe Masse entsteht.
Aus dem Teig mit zwei Teelöffeln Häufchen abstechen und auf ein mit Backpapier ausgelegtes Blech geben.
Die Plätzchen ca. 20 Min. backen.

PFEFFERKUCHEN

200 g gemahlene Mandeln
200 g gemahlene Haselnüsse
6 Esslöffel Dattelsüße
4 kleine Eier
Sprudelwasser
1 Esslöffel Lebkuchengewürz
1 Esslöffel Zimt
abgeriebene Schale und Saft einer Zitrone
ein paar Tropfen Orangenöl
ein Päckchen Oblaten
(kein Backpulver)

Backofen auf 160° vorheizen. Backblech mit Backpapier auslegen. Die Eier schaumig schlagen. Haselnüsse und Dattelsüße dazu rühren. Gewürze und so viel Wasser dazugeben, bis sich eine klebrige, nicht zu flüssige Masse bildet.
Oblaten auf dem Backblech verteilen. Mit einem Löffel je einen Teigklecks auf eine Oblate geben, jeden Pfefferkuchen mit einer Mandel oder einer Haselnuss krönen. Ca. 20 Minuten backen.

HONIGKUCHEN

250 g gesalzene Butter
5 Esslöffel Stevia-Streusüße
2 Esslöffel Agavendicksaft
1/2 Tasse Sahne
½ Tasse Sprudelwasser
4 mittelgroße Eier
½ Tasse flüssiger Honig
400 g Mehl
1 Päckchen Backpulver
1 Päckchen Gewürzmischung Honigkuchengewürz (oder je ein halber Teelöffel Zimt, Koriander, Muskatnuss, Nelken, Fenchel, Sternanis und Kardamom)
2 Esslöffel Kakaopulver
150 g Rosinen
(kein Backpulver)

Für den Guss:
6 Esslöffel Kakao
6 Esslöffel Ahornsirup
6 Esslöffel flüssige Sahne
2 kleine Eier
270 g Kokosfett

Den Backofen auf 175° vorheizen.
Ein Backblech mit Backpapier auslegen.
Die Butter mit einem Rührgerät schlagen, bis sich Spitzen bilden. Die 4 Eier nach und nach hineingeben. Agaven-Dicksaft, Sahne, Honig und Sprudelwasser dazu rühren.
Mehl mit Backpulver, Gewürzen, Stevia und Kakao mischen und zum Teig geben. Rosinen unterrühren.
Teig auf das Backblech streichen und ca. 35 Minuten backen.
Für den Guss das Kokosfett schmelzen und etwas abkühlen lassen. Die Eier verschlagen, Ahornsirup, Kakao und Sahne dazu rühren und das Kokosfett unterarbeiten. Die Masse auf dem abgekühlten Kuchen verteilen und im Kühlschrank fest werden lassen.

SCHOKOLADEN-BLECHKUCHEN

200 g Zartbitterschokolade mit Stevia
125 g weiche gesalzene Butter
6 Esslöffel Dattelsüße
2 Esslöffel Ahornsirup
etwas Vanille-Pulver
3 Esslöffel Rum
3 mittelgroße Eier
150 g Crème fraîche
170 g Mehl
1 Päckchen Backpulver

Für die Glasur:
1 Tafel Vollmilchschokolade mit Kokosblütenzucker
1 Tafel Zartbitterschokolade mit Stevia
130 g gesalzene Butter
3 Esslöffel gehackte Mandeln

Schokolade zerkleinern, im Wasserbad schmelzen und etwas abkühlen lassen. Backblech mit Backpapier auslegen. Backofen vorheizen auf 180°.
Butter mit der Küchenmaschine geschmeidig rühren. Nach und nach Eier, Dattelsüße, Ahornsirup, Gewürze und die geschmolzene Schokolade hinzufügen, bis eine gebundene Masse entsteht, dann Crème fraîche dazugeben. Mehl mit Backpulver mischen und unterrühren. Teig auf dem Backblech glattstreichen. 25 Minuten backen.
Den Kuchen auf einem Kuchenrost abkühlen lassen.

Für die Glasur die Schokolade zerkleinern, zusammen mit der Butter im Wasserbad schmelzen und gut verrühren. Den Kuchen mit der Glasur überziehen und mit den Mandeln bestreuen.

APFEL-BROWNIES

100 g Honig
2 Eier
150 g Apfelmus oder Kompott (ohne Zucker, gerne selbstgemachtes)
1 Teelöffel Vanillepulver
100 g Mehl
2 ½ Teelöffel Backpulver
1 gehäufter Teelöffel Zimt
2 Teelöffel Kakao
(kein Backpulver)

Backofen auf 180 ° vorheizen. Backblech mit Backpapier auslegen.
Die Eier trennen. Honig mit Eiweiß sehr schaumig rühren.
Die beiden Eigelbe mit Apfelmus und Vanille verrühren. Alle trockenen Zutaten mischen und zur Ei-Apfelmus-Masse geben, kräftig rühren. Zum Schluss das schaumig gerührte Honig-Eiklar vorsichtig unterheben.
Das Blech mit Backpapier auslegen und die Masse darauf füllen.
Ca. 20 Minuten backen.

nicht lecker

FRÜCHTEBROT

100 g getrocknete Aprikosen, klein gehackt
150 g Rosinen
6 Esslöffel naturtrüber Apfelsaft
2 Esslöffel Ingwer, frisch gerieben
Saft von einer Apfelsine
100 g Walnüsse, grob gehackt
1 Teelöffel Zimt
½ Teelöffel Kardamom
½ Teelöffel. Muskatpulver
½ Teelöffel Nelkenpulver
100 g geriebene Mandeln
250 g Mehl
2 Teelöffel Backpulver
100 g Xylit
60 g Pinienkerne

Aprikosen und Rosinen eine Stunde lang im Apfelsaft einweichen. Ingwer und Apfelsinensaft dazugeben.
Wenn die Aprikosen und Rosinen weich sind, Gewürze, Mandeln, Mehl, Backpulver, Zucker und Walnüsse unterziehen.
Backofen auf 200 ° vorheizen.
Alle Zutaten zu einem dicken Teig verrühren und in eine mit Backpapier ausgelegte Kastenform gießen. Die Oberfläche glattstreichen, Pinienkerne darauf verteilen.
Ungefähr eine Stunde lang backen.

CHRISTSTOLLEN

200 g Sultaninen
4 Esslöffel Rum (oder Orangensaft)
650 g Mehl
1 Würfel frische Hefe
2 Esslöffel lauwarme Sahne und
2 Esslöffel lauwarmes Wasser
250 g gesalzene Butter
8 Esslöffel Xylit
2 mittelgroße Eier
2 Eigelbe
2 Esslöffel Sahne
3 unbehandelte Zitronen
2 unbehandelte Apfelsinen
1 Teelöffel Salz
4 Esslöffel Honig
50 g Mandelstifte
150 Gramm fein gemahlenes Xylit

Sultaninen über Nacht im Rum einweichen. Mehl in eine Schüssel sieben und in die Mitte eine Mulde drücken. Die Hefe zerbröckeln und in Sahne und Wasser auflösen. Mischung in die Vertiefung gießen, mit Mehl bestäuben und den Vorteig dann an einem warmen Ort etwa 15 Minuten gehen lassen.

170 g Butter schmelzen und mit Xylit, den Eiern und dem Eigelb verrühren. Mit der restlichen Sahne zum Vorteig geben, zu einem glatten, elastischen Teig verkneten, bis er kleine Blasen zeigt. Zugedeckt an einem warmen Ort 2 - 3 Stunden gehen lassen. In dieser Zeit die Zitronen und Apfelsinen dünn abschälen. Die Schalen zunächst ein paar Minuten in Wasser kochen, dem ein Teelöffel Salz zugegeben ist, dann abspülen. In kleine Stückchen schneiden und in einem Töpfchen mit dem Honig und wenig Wasser unter Rühren so lange kochen, bis kaum mehr Flüssigkeit vorhanden ist.

Backofen auf 200 ° vorheizen.

Sultaninen, Korinthen, die Schalenstückchen von Zitronen und Apfelsinen sowie die Mandelstifte unter den Teig kneten. Zugedeckt 2 Stunden an einem warmen Ort gehen lassen.
Den Teig auf einer bemehlten Arbeitsfläche durchkneten, dann auf ein mit Backpapier ausgelegtes Backblech geben. Zu einem Oval auseinanderdrücken.
Eine Längsseite zur Mitte überklappen und mit den Händen den klassischen Stollen formen. Zugedeckt 20 Minuten gehen lassen.
Den Stollen im Ofen 15 Minuten backen. Backofen auf 180° herunterschalten und den Stollen 45 Minuten weiterbacken. Eventuell in den letzten 20 Minuten mit Backpapier abdecken.
Restliche Butter schmelzen und den warmen Stollen damit bepinseln. Etwas Xylit-Puder darüber sieben und abkühlen lassen. Vor dem Anschneiden dick mit dem Rest Xylit-Puder bestäuben.

WEIHNACHTS-MOHNKUCHEN

5 Eiweiß
2 Eigelb
1 großes Ei
1 Tasse Sonnenblumenöl
250 g Speisequark
5 Esslöffel flüssige Sahne
1 mittelgroßer Apfel
120 g Datteln ohne Stein
100 g Mandeln, gemahlen
130 g Mohn
120 g Kokosraspel
1 Päckchen Backpulver

Eiweiß sehr steif schlagen. Einen Apfel entkernen und reiben.
Das ganze Ei mit 2 Eigelben schaumig schlagen. Öl und Quark dazugeben und gut verrühren, dann den geriebenen Apfel dazugeben.
Die kleingeschnittenen Datteln in die Masse geben und alles gut verrühren. Mandeln, Mohn und Kokosraspel mit dem Backpulver mischen. Wenn der Teig zu dick ist, etwas Sahne dazugeben. Das geschlagene Eiweiß vorsichtig unterheben.
Teig in eine Springform füllen.
Bei Umluft mit 180° 45 Minuten backen.

WINTERKUCHEN

350 g Mehl
6 Esslöffel Stevia Streusüße
100 g gemahlene Haselnüsse
1 Teelöffel Vanillepulver
1 Päckchen Backpulver
1 Päckchen Lebkuchengewürz
8 Esslöffel flüssige Sahne
8 Esslöffel warmes Wasser
4 Esslöffel Agavendicksaft
150 g gesalzene Butter
2 Esslöffel Honig
4 mittelgroße Eier

Für den Guss:
6 Esslöffel Stevia Streusüße
2 Esslöffel Ahornsirup
250 g Kokosfett
3 Esslöffel Kakaopulver
2 kleine Eier

Backofen vorheizen auf 170°. Backblech mit Backpapier auslegen.
Mehl, Backpulver und Nussmehl, Stevia und Gewürze mischen. Butter geschmeidig schlagen, Eier, Sahne, Wasser, Agavendicksaft und Honig verrühren. Die nassen Zutaten mit den trockenen gut vermischen.
Teig auf einem mit Backpapier ausgelegten Blech gleichmäßig verstreichen. 30 Minuten backen.
Den warmen Kuchen auf einen Gitterrost stürzen, das Backpapier abziehen, abkühlen lassen.
Für den Guss Kokosfett schmelzen, Eier schaumig rühren, mit Stevia, Agavendicksaft und Kakaopulver verrühren.
Auf dem Kuchen verstreichen.

Vor dem Anschneiden mindestens 6 Stunden stehen lassen.

SCHOKOLADENTORTE

120 g Mandelmehl
60 g Kakao
30 g Kokosmehl
2 Teelöffel Backpulver
5 Esslöffel Ahornsirup
4 mittelgroße Eier
120 g gesalzene Butter

Für das Frosting
4 Esslöffel Kakao
4 Esslöffel Ahornsirup
5 Esslöffel Kokosöl

Backofen auf 180 ° vorheizen. Springform mit Backpapier auskleiden. Mandelmehl mit Kokosmehl, Kakao, Backpulver und Salz mischen.
Die Butter mit Ahornsirup cremig rühren. Eier einzeln darunterschlagen. Trockene Zutaten in die feuchte Masse einrühren. Teig in die Form geben und ca. 40 Minuten backen.
Für das Frosting alle Zutaten cremig rühren und auf dem abgekühlten Kuchen verteilen.

MANDARINENTORTE

Für den Biskuitteig
4 Eier
4 Esslöffel Xylit
4 Esslöffel Honig
2 Esslöffel Agavendicksaft
etwas geriebene Zitronenschale
80 g Mehl
1 Päckchen Backpulver
80 g Speisestärke

Für die Füllung
6 Mandarinen (oder Clementinen, oder Apfelsinen, zur Not; man muss die Torte dann nur umtaufen.)
4 Esslöffel Stevia Streusüße,
2 Esslöffel Agavendicksaft
250 g Speisequark
250 g Mascarpone
6 Esslöffel Stevia Streusüße
5 Esslöffel Agavendicksaft
400 g sehr gut gekühlte Sahne, mindestens 30 % Fettgehalt

Den Backofen auf 200°C Umluft vorheizen. Eine Springform mit Backpapier auslegen.

Biskuitteig
Die Eier trennen. Die vier Eiweiße sehr steif schlagen. Die Eigelbe mit etwas kaltem Wasser, Süßungsmitteln und Zitronenschale schaumig rühren. Mehl mit Backpulver und Speisestärke mischen und mit der Eigelbmasse verrühren. Den Teig nach und nach unter den Eischnee heben. In die Form füllen, im Ofen ca. 30 Minuten backen. Den fertigen Biskuit herausnehmen, abkühlen lassen und waagrecht halbieren.

Die Mandarinen oder Clementinen oder Apfelsinen in Stückchen teilen und möglichst alle weißen Hautteile entfernen. In etwas Wasser mit

Stevia und Agavendicksaft kurz aufkochen und abkühlen lassen. In einem Sieb abtropfen.
Um den unteren Biskuitboden einen Tortenring legen. Die Fruchtstücke auf dem Boden verteilen, die zehn Hübschesten für die Garnitur zur Seite legen.
Quark mit Mascarpone, Stevia und Agavendicksaft verschlagen. Die Sahne sehr steif schlagen und etwas in einen Spritzbeutel für die Garnitur füllen. Die übrige Sahne unter die Quarkmasse heben und alles auf den Tortenboden streichen. Den Biskuitdeckel auflegen und leicht andrücken, in den Kühlschrank stellen. Nach ca. 3 Stunde mit Sahne und Mandarinenstücken garnieren.

WEISSER WEIHNACHTSTRAUM

Dieses Rezept ist etwas aufwendiger und braucht Zeit: Entweder fängt man früh morgens an und geht seinem Tagewerk nach, bis man abends weitermacht. Ich habe fast immer abends die Schokolade geschmolzen sowie den Biskuitteig gebacken und am nächsten Vormittag die Torte gefüllt, bedeckt und verziert.
Wer von diesem Traum nascht, in der Hoffnung, da kein Zucker drinsteckt, sei er figurfreundlich, der hat Pech gehabt. Er trägt unweigerlich auf. Dafür schmeckt er jedoch auch sündhaft gut …

Für den Biskuitteig
4 große Eier
3 Esslöffel Stevia-Streusüße
2 Esslöffel Agavendicksaft oder Honig
1 Teelöffel Vanillepulver
50 g Mehl
50 g Kartoffelmehl
2 Teelöffel Backpulver
etwas Sprudelwasser mit viel Kohlensäure

Für Füllung und Deko:
6 Tafeln weiße Schokolade mit Xylit
6 Becher flüssige Schlagsahne
eventuell 6 Tütchen Sahnesteif

Am Vorabend die Schokoladentafeln allesamt in Stückchen brechen und in einen Stieltopf werfen. Die Schlagsahne dazu gießen. Auf kleiner Flamme unter ständigem Rühren mit einem Holzlöffel miteinander verschmelzen, schließlich in den großen Rührtopf kippen und im Kühlschrank über Nacht ruhen lassen.

Backofen auf 180 g vorheizen. Eier trennen.
Eiweiße steif schlagen.
Eigelb mit Agavendicksaft schaumig rühren.
Mehl miteinander und mit Backpulver, Vanille und Stevia mischen.
Mehl auf die Dottercreme geben und verrühren. Ein bis zwei Likörglä-

ser Sprudel unterrühren. Eischnee unterheben.
In gefettete oder mit Backpapier ausgelegte Springform füllen.
12 – 15 Minuten backen.

Mindestens sechs bis sieben Stunden später den Biskuitboden ein- oder zweimal waagerecht teilen.
Den Topf mit der geschmolzenen weißen Schokoladenmischung aus dem Kühlschrank nehmen und, bevor alles auch nur annähernd warm wird, mit dem Handrührgerät zu fester Sahne schlagen. Manchmal reicht es, wenn die Sahne sehr kalt ist. In den Tütchen mit Sahnesteif ist nämlich etwas Zucker enthalten, worauf wir ja lieber verzichten wollen. Günstig ist eine Rührschüssel mit gelochtem Deckel, damit nicht zu viel der feinen weißen Mischung umherspritzt.
Wenn die Schokoladensahne richtig fest geworden ist, zunächst die Torte damit füllen, dann überziehen. Schließlich eine Schneelandschaft formen oder den Rest in einen Spritzbeutel füllen und die Torte verzieren.

CHRISTMAS RAWCAKE

Dies ist das Rezept einer englischen (und veganen) Freundin.

150 g Mandeln, über Nacht eingeweicht und gepellt
150 g saftige Datteln ohne Kerne
200 g Cashews, 4 Stunden eingeweicht
400 ml gekühlte Kokosmilch
8 Esslöffel geschmolzenes Kokosöl
4 Esslöffel Ahornsirup
3 Esslöffel Agavendicksaft
3 Teelöffel Zimt
1 Teelöffel Nelkenpulver
1 Teelöffel Kardamom
1 Teelöffel Ingwerpulver

Dazu braucht man natürlich kein Backpulver. Aber einen guten Mixer.
Mandeln und Datteln in eben diesem Mixer so lange zerkleinern, bis ein krümeliger, etwas klebriger Teig entstanden ist.
Den Teig in einer Springform verteilen, glattstreichen, in den Kühlschrank stellen.
Den Mixer reinigen und dann mit Cashews füllen, fein pürieren.
Das geschmolzene Kokosöl in einen Topf füllen, das Cashewmus sowie Kokosmilch, Gewürze, Ahornsirup und Agavendicksaft hinzufügen und verrühren.
Alles auf den Mandel-Dattelboden in der Springform gießen.
Über Nacht in den Kühlschrank stellen.

Und übriges auch dort aufbewahren, falls nicht alles aufgegessen wurde. Was ich allerdings für unwahrscheinlich halte …

Abbildungsnachweis;

Adobe Stock: S. 10, @babimu; S. 14, @FotoIdee; S. 21, @Harald Biebel; S. 23, @unpict; S. 25, @mihi; S. 29, L.Klauser; S. 32, @simone;

Pixabay: S. 3, @silviarita

Haftungsausschluss

Alle in diesem Buch enthaltenen Angaben wurden vom Herausgeber und von der Autorin mit größtmöglicher Sorgfalt überprüft. Trotzdem sind inhaltliche Fehler nicht vollständig auszuschließen. Daher erfolgen die Angaben ohne jede rechtliche Verpflichtung seitens des Herausgebers oder der Autorin.

Impressum

Seifert & Schulz GbR
Dorfstraße 81a
25436 Groß Nordende
E-Mail-Adresse: dagmarschneider2@web.de

ISBN: 9781790960682
Imprint: Independently published

Printed in Poland
by Amazon Fulfillment
Poland Sp. z o.o., Wrocław

63208256R00026